La mer
a disparu

Responsable de la collection : Frédérique Guillard

MICHEL PIQUEMAL

La mer a disparu

Illustrations de Françoiz Breut

NATHAN

un

Un week-end sans maman

LA MÈRE de Nicolas ferme les volets de sa chambre, puis passe la tête dans le couloir :

– Nicolas, tu es prêt ?

Pas de réponse.

Elle s'approche alors de l'escalier et crie un peu plus fort :

– Nicolas, je te demande si tu es prêt…

– Mouais ! lui répond-il mollement du salon.

Pas vraiment convaincue, elle descend les escaliers quatre à quatre et vient vérifier par elle-même. Et, bien entendu, elle le trouve encore en pyjama, jouant au casse-briques sur son écran télé.

Clic, clac ! Elle éteint le jeu vidéo d'un geste autoritaire.

– Tu te fiches de moi ?... Dépêche-toi d'aller t'habiller. J'ai dit à Papi qu'on serait à Plouarzec vers onze heures... Et j'ai rendez-vous avec Pierre et Sophie à midi.

– J'ai pas envie d'aller chez Papi. Je veux venir avec toi.

– Ne discute pas, ce n'est pas possible...

Nicolas file se préparer en ronchonnant.

Durant tout le trajet en voiture, il fait sa tête des mauvais jours. Quand sa

mère lui parle, il répond par des *mmouais* et des *mmmhhh*. Finalement, elle se fâche :

– Écoute, Nicolas, j'ai tout de même le droit de partir seule un week-end. Tu n'en mourras pas. Cela fait une éternité que je l'ai promis à Sophie… Ne te conduis pas comme un égoïste ! J'ai, moi aussi, le droit d'avoir des amis !

– Je t'ai rien dit, articule Nicolas, tout penaud.

– Oh ! Il n'y a qu'à voir ta tête de cochon…

– Tu reviens quand ?

– Je te l'ai répété au moins cent fois : dimanche à midi. Tu n'as qu'une seule nuit à passer chez Papi. Ce n'est pas la mer à boire.

– Je vais m'ennuyer !

– Avec ce soleil ? Tu plaisantes, ou quoi ! Cela fait une éternité que ton

Papi ne t'a pas vu ; je suis sûre qu'il t'a préparé tout un programme. Allez, fais-moi un bisou !

Nicolas dépose un semblant de baiser sur la joue de sa maman… qui pousse un long soupir fatigué.

LA BLANCHE HERMINE

deux

Sacré grand-père !

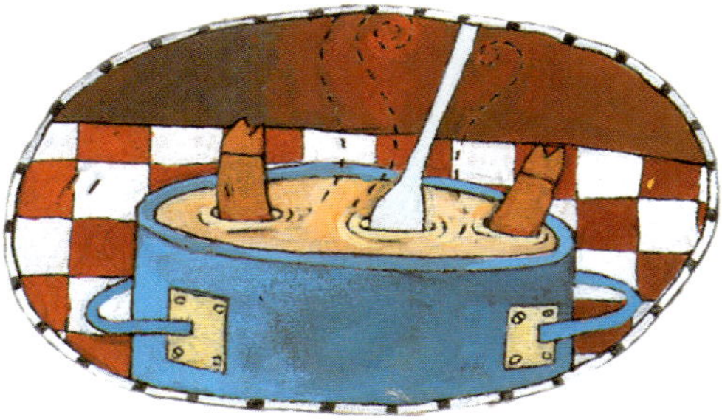

Et voilà ! Elle est partie ! Nicolas se retrouve seul, en tête à tête avec son Papi, dans la vieille maison de Plouarzec.

Pendant que son grand-père lui mijote sa spécialité – crabe-tourteau-mayonnaise –, Nicolas regarde le cadre posé sur la cheminée : Papi et Mamie Jeanne sur la *Blanche Hermine*, le bateau de pêche de la famille. Il aimait bien sa Mamie. Elle faisait les crêpes les plus délicieuses du pays. Sur la photo, on dirait presque sa maman. Elle a le même sourire…

Jusqu'au divorce de ses parents, ils passaient tous ensemble le mois d'août dans la vieille maison de Plouarzec. L'océan est si proche qu'on l'aperçoit même de la fenêtre des chambres. Et avec sa mère, qui est une vraie championne de natation, il se rappelle avoir affronté des vagues plus hautes que des montagnes… L'ennui, c'est qu'on est encore au printemps… Un peu tôt pour se baigner ! Et puis, de toute façon, ELLE N'EST PAS LÀ !

Papi dépose sur la table une assiette garnie de salade. Quand Nicolas soulève les feuilles, il ne trouve qu'un tout petit crabe. Un minuscule crabe vivant qui essaie de s'enfuir vers les rebords de l'assiette. Son grand-père se tape le

ventre et retourne à la cuisine chercher le vrai tourteau, en marchant de côté comme les crabes.

Mais Nicolas n'a même pas un sourire…

– Oh, là ! là ! râle le vieil homme. Fais pas cette bobine d'enterrement ! Tu la reverras, ta mère… Et puis, on va bien s'amuser, tous les deux. Allez, fais-moi plaisir ! Mange ton tourteau et on file à la plage.

– Pour quoi faire ? On peut pas se baigner !

– La belle affaire ! Tu crois donc que la mer ne sert qu'à barboter ? Ah, là ! là ! On voit bien que t'es devenu un gars de la ville ! Je vais te montrer, moi ! La mer, c'est bourré de trésors. Ceux qui la considèrent seulement comme une baignoire ne sont que des marins d'eau douce… Quand tu étais petit, tu me disais toujours que tu voulais devenir brigand des Caraïbes. Et maintenant, tu voudrais rester à la maison scotché comme un mollusque !

trois

Une drôle de trouvaille

GRAND-PÈRE ne ressemble pas à ces retraités qui passent leurs journées dans un fauteuil à lire le journal. Il est plutôt du genre actif. La vaisselle à peine rangée, il emmène Nicolas sur le chemin des Douaniers, qui longe l'océan. De rocher en rocher, il saute comme un cabri, en lui racontant des tas d'histoires :

– Tu connais le vieux Kevin ?

Bien sûr que Nicolas le connaît !

C'est le plus ancien marin pêcheur de Plouarzec. Un sacré loup de mer ! Il a bourlingué de Terre-Neuve au cap Horn.

– Eh bien, regarde cette île, tout là-bas… Il m'a dit qu'autrefois elle était habitée par des naufrageurs. Ah, c'étaient pas des enfants de chœur, ces types-là ! Ils allumaient des feux pour faire croire aux navires perdus dans la tempête qu'il y avait un port. Les pauvres diables faisaient voile vers ce qu'ils croyaient être leur salut, et crac, ils allaient se briser sur les récifs. À l'aube, quand la tempête s'était calmée, les naufrageurs venaient tranquillement piller leurs épaves.

Papi parle, parle… Pirates, corsaires, bateaux fantômes… Nicolas ne l'écoute qu'à demi. Il pense à sa mère. Il se dit qu'il aurait pu être plus gentil avec elle. Il n'avait pas vraiment de raison de lui faire la tête. Ce n'est pas si souvent qu'elle le laisse seul. Mais voilà, ç'a été plus fort que lui.

Arrivé aux grands rochers qui surplombent la crique, Papi montre à Nicolas les coins où dénicher les grappes de moules. Puis, sur la plage, il profite de la marée basse pour lui montrer ce qu'il appelle les « trésors qui se mangent ». Berniques, bigorneaux, praires, oursins, couteaux… Il arrive à dénicher des foules de bestioles là où Nicolas ne voyait que du sable et des rochers. Faut reconnaître qu'il en connaît un rayon, le grand-père !

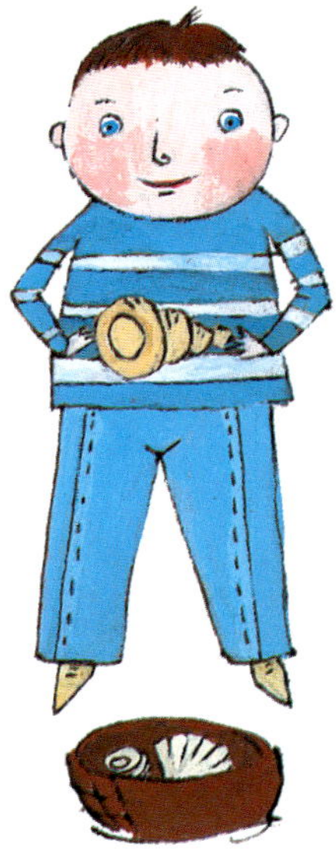

Nicolas sent revenir à sa mémoire des bouffées de petite enfance et il retrouve un peu sa bonne humeur. Il jette ses chaussures sur la plage, remonte son *jean* jusqu'à mi-cuisses et s'avance dans l'eau. Elle est plutôt froide, mais tant pis. À grandes enjambées, il marche le long des rochers, en éclaboussant…

– T'éloigne pas, chenapan ! Il pourrait y avoir un trou…

Nicolas ne s'en soucie guère, trop heureux de montrer à son grand-père qu'il n'est pas une mauviette. Soudain, il voit quelque chose briller dans le fond sur le sable. Il retrousse ses manches et plonge le bras.

– Nicolas, reviens tout de suite !

– Une seconde, j'arrive.

Au bout de ses doigts, il sent la forme d'un anneau. Il tire dessus, rien ne vient. Il plonge les deux bras et tire de toutes ses forces… Patatras ! il se retrouve les fesses dans l'eau, un anneau de métal un peu rouillé au bout des doigts.

– Te voilà frais ! gronde son grand-père.

Nicolas examine sa trouvaille. Bizarre ! Un cylindre de ferraille est fixé à l'anneau. Il jette un coup d'œil au fond de l'eau. Par le trou qu'a laissé le bout de fer sortent des petites bulles. L'eau de la mer semble s'échapper, comme lorsqu'on enlève la bonde d'une baignoire pour la vider.

– Aïe, aïe ! Qu'est-ce que j'ai encore fait !

Il glisse le drôle d'objet dans sa poche et file rejoindre son Papi.

– Pour être frais, tu es frais ! tempête le vieil homme. Mais enfin, qu'est-ce que tu fabriquais ?

– Heu… j'avais vu un gros poisson, balbutie Nicolas.

– Et tu croyais qu'on les attrapait avec les mains ? Tu n'as jamais entendu parler des lancers et des filets ? Ah ! qui m'a fichu un petit-fils pareil ? Allez, viens te changer ! On rentre à la maison.

« Décidément, pense Nicolas, je ne suis bon qu'à donner du souci à tout le monde. »

quatre

Catastrophe nationale !

PAPI est un peu soupe au lait, mais sa mauvaise humeur ne dure jamais bien longtemps. Pour se faire pardonner, Nicolas lui a proposé une partie de cartes et, au bout de quelques *belote, rebelote* et *dix de der,* l'incident est oublié. Pris dans le jeu, Nicolas en a même oublié son histoire d'anneau et de bouchon.

L'ennui, c'est qu'avant de souper, le grand-père a eu la malencontreuse idée d'écouter les informations régionales… Et ce qu'ils ont entendu a fait dresser les cheveux sur la tête du petit garçon :

« Une nouvelle exceptionnelle en provenance du Centre océanographique de Bretagne : le niveau de la mer a baissé de plus d'un mètre dans la soirée. Les scientifiques qui se penchent actuellement sur ce problème ne s'expliquent pas un tel phénomène. »

– Un mètre ! s'écrie le grand-père. Par tous les saints de Cornouaille ! La *Blanche Hermine* doit avoir les fesses à l'air !

Cette fois, Nicolas a bien l'impression d'avoir fait la bêtise du siècle. Pendant le repas, il n'arrive pas à avaler un morceau, guettant l'écran de télé, l'air inquiet.

Après les publicités et la météo, le

3
bretagne
1 mètre

speakeur revient à la charge et finit de démoraliser Nicolas :

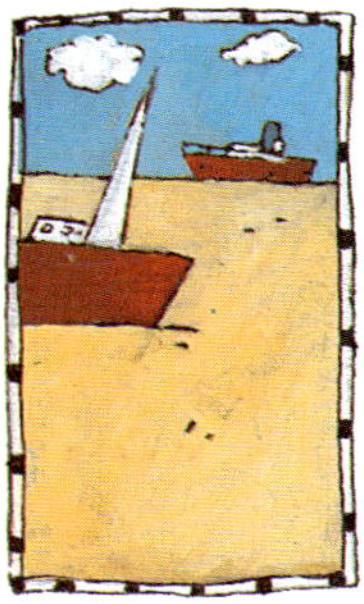

« Chers télespectateurs, c'est absolument incroyable : on apprend à l'instant que LA MER A DISPARU ! Le niveau de l'eau, dont nous vous annoncions, il y a quelques minutes, qu'il baissait dans des proportions anormales, est désormais à zéro. Les côtes bretonnes ne sont plus qu'une vaste étendue de sable où sont échoués des milliers de bateaux. C'est un vrai désastre pour notre économie régionale… »

– Tu entends ça, Nicolas ? Hé, Nicolas ! Tu as entendu ?

Mais Nicolas reste bouche bée.

Papi le secoue et le force à monter jusqu'aux chambres pour voir le spectacle de la fenêtre. Ils braquent leurs yeux vers la côte. Il fait nuit noire, pourtant le vieil homme est formel :

– Si l'océan était là, on verrait son reflet éclairé par la lune !

Catastrophé, Nicolas se jette sur le lit et cache sa tête sous son oreiller. Le grand-père n'y comprend rien :

– Allons, petit, qu'est-ce qu'il y a ?

– C'est ma faute, Papi !

– Mais non, qu'est-ce que tu racontes ? Pourquoi veux-tu que ce soit de ta faute ? Tu n'as pas compris que c'était…

Nicolas ne le laisse pas finir sa phrase. Il sort la tête de sous l'oreiller et lui montre le bouchon :

– Tout à l'heure, j'ai enlevé cet anneau de la mer… et j'ai bien vu que toute l'eau s'en allait. Je ne fais que des bêtises !

Grand-père examine la trouvaille de Nicolas :

– C'est pourtant bien vrai qu'on dirait un bouchon ! Mais c'est pas Dieu possible que ce soit ce bout de ferraille qui serve de bouchon à la mer !

Il le tourne dans tous les sens.

– Dès que je l'ai enlevé, pleurniche Nicolas, plop ! ça a fait des bulles… et l'eau a commencé à partir.

– Sacredieu ! Je t'avais pourtant bien dit de ne pas t'éloigner. Et toi, tu galopes, tu traficotes dans la mer… Tu n'écoutes jamais ton Papi.

Nicolas se blottit contre lui. Le grand-père se radoucit :

– Allons, on va tâcher d'arranger ça. Mais il faut que je réfléchisse…

Nicolas redresse la tête :

– Et le capitaine Kevin ? Tu m'as toujours dit qu'il savait tout sur l'océan…

– Le vieux Kevin ? Un vrai forban des hautes mers, oui ! Mais c'est qu'on ne le dérange pas comme ça, tu sais !

Il enlève sa casquette, se gratte le crâne, remet sa casquette, puis frappe dans ses mains :

– Oui, tu as raison. Je crois que c'est la meilleure solution. L'affaire est grave ! Faut y aller, mon gars !

En deux temps trois mouvements, les voilà à califourchon sur la mobylette du Papi. Nicolas se dit qu'il a un grand-père du tonnerre de Brest…

cinq

Le sorcier de la lande

AH ! la maison du vieux Kevin, c'est vraiment quelque chose ! Elle est toute seule, au plus haut sommet d'une colline, perdue au milieu des bruyères et des fougères. Une petite bâtisse de pierres noires, couverte de grappes de lierre. Avec la nuit qui tombe, Nicolas a l'impression de se rendre dans la maison d'un sorcier ou même de l'enchanteur Merlin.

Papi range sa mobylette le long de la

clôture et ils entrent dans une grande pièce, tapissée de filets de pêche.

Le vieux Kevin est assis dans un fauteuil, face au feu qui crépite dans la cheminée. Il fume tranquillement la pipe, tout en réparant, avec sa navette, un grand filet de pêche qui lui couvre genoux et jambes.

Sans se soucier du jeune garçon, les deux hommes se saluent et se lancent dans une grande discussion en breton. Nicolas est drôlement impressionné.

De temps en temps, Papi le montre du doigt, et le vieux Kevin hoche la tête. Soudain, il se lève et va rajouter une bûche dans la cheminée.

Pendant qu'il tisonne le feu, Nicolas l'entend qui marmonne entre ses dents :

– Ben, mon gars ! Ben, mon p'tit gars !

Il se retourne et tire une bouffée de sa pipe.

– Montre-lui le bouchon ! souffle Papi.

Nicolas farfouille dans ses poches et, tremblant, tend l'objet au vieux bourlingueur des mers. Le marin le tourne, le retourne, respectueusement, à la lueur des flammes.

– J'en avais entendu parler dans de vieilles légendes celtiques, mais j'aurais jamais cru que…

D'une armoire branlante, il sort un bouquin jauni qu'il feuillette dans leur dos, semblant chercher quelque mystérieux renseignement.

Nicolas a la gorge nouée.

– Aie confiance, lui murmure son Papi, il va trouver !

Brusquement, le vieux Kevin range son livre, reprend sa place dans le fauteuil et fait signe à Nicolas de venir s'asseoir sur ses genoux. Le petit gar-

çon n'est pas très rassuré, mais le grand-père l'encourage du regard.

– Avec l'aide des korrigans de la lande, je dois pouvoir arranger ça ! souffle le vieil homme, en faisant danser le bouchon dans sa main. Mais il faut que tu me promettes de toujours respecter la mer, comme un vrai Breton…

– Je te le promets ! murmure Nicolas qui se met à pleurer.

Le vieux Kevin sort un mouchoir à carreaux et lui essuie le visage.

– Allons, allons, sèche tes pleurs ! Je vois que tu es sincère. Tout va pouvoir s'arranger.

Il enveloppe le bouchon de métal dans le mouchoir mouillé qu'il glisse dans sa poche :

– La mer est salée. Elle a de temps en temps besoin de larmes… Tu peux rentrer chez toi. Demain, l'océan sera revenu à sa place. C'est moi qui te le promets… Foi de marin pêcheur !

Le grand-père prend Nicolas dans ses bras :

– Je te l'avais dit. Kevin et l'océan, c'est comme si ça ne faisait qu'un !

Les deux hommes se parlent en breton, se tapant sur l'épaule en riant. Nicolas se sent soulagé. Demain, la mer sera revenue, il en est sûr, maintenant.

six

Un poisson hors du commun

UNE FOIS dans sa chambre, Nicolas décide qu'il ne dormira pas. Il veut voir le lever du soleil sur l'océan. Il veut être le premier à contempler ce miracle.

Pour se tenir éveillé, il pense à toutes les légendes que lui racontait son Papi quand il était plus petit. Il revoit la famille au grand complet, rassemblée autour de la cheminée, et son grand-

père tenant tout le monde en haleine avec des histoires d'Ankou, d'elfes, de korrigans et de capitaines au long cours... La mer y était toujours présente, grande force mystérieuse et respectée.

Les heures passent : onze heures, minuit, une heure, deux heures du matin…

Finalement, les paupières de Nicolas se font lourdes, et il s'endort…

Un bruit de volets. Le soleil du printemps qui inonde la pièce.

– Nicolas ! Nicolas !

Le petit garçon ouvre les yeux. Sa mère est là, debout près du lit, au côté de son grand-père, souriant. Nicolas saute au cou de sa mère :

– Tu es déjà revenue ?

– C'est qu'il est près de midi… Je crois que tu as fait la grasse matinée. L'air de la mer semble te faire du bien.

Le garçon bondit à la fenêtre et, tout heureux, se met à crier :

– Elle est là, elle est là… Elle est revenue !

Sa mère, qui ne comprend pas, interroge le grand-père du regard. Le vieil homme éclate de rire :

– Hier, c'était le premier avril ! Aux actualités, ils ont annoncé que la mer avait disparu.

– Et, bien sûr, le gronde-t-elle gentiment, tu le lui as laissé croire. Tu en as même rajouté, sans doute ! Tu ne changeras donc jamais…

Nicolas ouvre des yeux comme des billes, puis il comprend d'un coup… Fichu marin de grand-père ! Il l'a encore mené en bateau !

Pendant quelques secondes, il fait mine de bouder, puis il lui saute dans les bras, en riant lui aussi…

– Hé, hé, avoue que tu ne t'es pas ennuyé ! dit Papi. Pour un poisson d'avril, c'était un poisson d'avril ! Il n'y a qu'en Bretagne qu'on en pêche d'aussi gros. Pas vrai, mon p'tit gars ?

Table des matières

Michel Piquemal

Tour à tour universitaire, instituteur, parolier, scénariste, collaborateur aux revues pour enfants, écrivain et directeur de collections, Michel Piquemal ne sort jamais du monde des livres et des mots. Il a publié une cinquantaine d'ouvrages et obtenu en 1989 le Grand Prix du livre Jeunesse avec son roman *Le Jobard.*

Françoiz Breut

Elle est née le 10 décembre 1969 au bord de la mer. Celle-ci n'a jamais disparu, elle lui a même permis de voyager, et ses envies de voyages sont constantes. Elle aime la musique, le mouvement, les araignées de mer, les amitiés qui se créent, Botéro, Peter Blake, et la Belgique.

Dans la même collection

Michel Amelin

Le fils du pirate

Le masque d'or
et de sang

Clair Arthur

Parfum de sorcière

Miss Monde
des sorcières

Cendre,
la jument rebelle

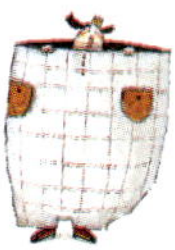

Marie Bataille

Mademoiselle
Princesse Culotte

Hubert Ben Kemoun

Un monstre
dans la peau

Le soir
du grand match

Robert Boudet

L'extraordinaire
aventure de M. Potiron

Évelyne Brisou-Pellen

Le jongleur
le plus maladroit

Le philtre d'amour

Nadine Brun-Cosme

La fenêtre de neige

Yves-Marie Clément

Roy et le koubilichi

Jean-Loup Craipeau

Le kangourou
d'Ooz

Ma victoire
sur Cauchemar

Claire Derouin

Leslie Craspouette

Elsa Devernois

Un amour de maîtresse

La boutique des rêves

DANS LA MÊME COLLECTION

Philippe Dorin
Les trésors du petit matin

Pascal Garnier
Dico dingo

Zoé zappe

Mauvais reflet

Christian Grenier
Le château des enfants gris

Parfaite petite poupée

Thierry Lenain
L'amour hérisson

Trouillard !

Loin des yeux, près du cœur

Jean-Marc Ligny
Le clochard Céleste

Gérard Moncomble
Prisonnière du tableau !

Michel Piquemal
L'appel du Miaou-Miaou

Benjamin et son papa géant

La mer a disparu

Yak Rivais
Le génie de la valise

Éric Sanvoisin
Le buveur d'encre

Une paille pour deux

Le nain et la petite crevette

Natalie Zimmermann
Un ange passe

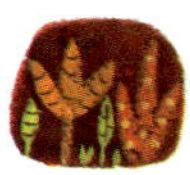

Yeux de vipère

N° d'Éditeur : 10071892 - (IV) - 15 - CSBTS - 170° - Dépôt légal : octobre 1999 — Impression et reliure : Pollina s.a., 85400 Luçon - n° 78736.A
Conforme à la loi n° 49956 du 16 juillet 1949 sur les publications destinées à la jeunesse - ISBN 2.09.275043-7